9 FEVRIER 1884 - Marquis d'Osmond

COLLECTION

DE

M. le marquis d'OSMOND

PORCELAINES DE SÈVRES

OBJETS D'ART

Mᵉ ESCRIBE
COMMISSAIRE-PRISEUR
6, rue de Hanovre, 6

M. A. BLOCHE
EXPERT
44, rue Laffitte, 44

CATALOGUE

DE TRÈS BELLES

PORCELAINES DE SÈVRES

Pâte tendre

DES ÉPOQUES LOUIS XV ET LOUIS XVI

PAIRES DE VASES IMPORTANTS FOND VERT CÉLADON ET FOND BLEU DE ROI

A SUJETS DE BOUCHER

Jardinières rose Dubarry et gros bleu — Remarquables vases de milieu
Écuelles — Tasses — Plateaux — Coupes

BELLES PORCELAINES DE CHINE ET DU JAPON

Paire de très grands vases — Jolie garniture de cinq pièces

TRÈS BEAU MEUBLE DE BOULE

Grands bustes historiques en bronze et en marbre — Émaux de Limoges
Argenterie — Paravent en laque

DEUX TABLEAUX DE DAVID TÉNIERS

Les Travaux champêtres — Le Retour de la pêche

FORMANT

La Collection de M. le marquis d'Osmond

ET DONT LA VENTE AURA LIEU

HOTEL DROUOT, SALLE N° 8

Le Samedi 9 Février 1884, à deux heures

Me ESCRIBE	**M. A. BLOCHE**
COMMISSAIRE-PRISEUR	EXPERT
6, rue de Hanovre, 6	44, rue Laffitte, 44

EXPOSITIONS

PARTICULIÈRE	PUBLIQUE
Le Jeudi 7 Février 1884	Le Vendredi 8 Février 1884
DE 1 HEURE 1/2 A 5 HEURES 1/2	DE 1 HEURE A 5 HEURES 1/2

LE PRÉSENT CATALOGUE SE DISTRIBUE

A PARIS, chez : **Mᵉ Escribe,** commissaire-priseur, rue de Hanovre, 6.

— — **M. A. Bloche,** expert, rue Laffitte, 44.

A LONDRES, chez : M. ED. JOSEPH, New Bond Street, 158.

— — M. G. DONALDSON, New Bond Street, 106.

A FRANCFORT, chez : M. M. LOEWENSTEIN, Kayser-Strass, 4.

— — M. M. GOLDSCHMIDT, sur la Zeil. hôtel de Russie.

A BRUXELLES, chez : M. TH. STROOBANTS, boulevard d'Anvers, 9.

Prix du Catalogue illustré : **10 fr.**

CONDITIONS DE LA VENTE

Elle sera faite au comptant.

Les Acquéreurs paieront CINQ POUR CENT en sus des enchères.

L'exposition mettant le public à même de se rendre compte de l'état des objets, il ne sera admis aucune réclamation une fois l'adjudication prononcée.

Paris — IMPRIMERIE DE L'ART, J. Rouam, imprimeur-éditeur
41, rue de la Victoire, 41.

DÉSIGNATION

DES

OBJETS

PORCELAINES DE SÈVRES

1 — Paire de très beaux vases en ancienne porcelaine de Sèvres, pate tendre. Époque Louis XV.

Forme ovoïde, décor fond vert céladon, ornés d'anses à jour, autour desquelles s'enroulent des guirlandes de laurier à l'or mat qui se détachent en haut-relief et semblent retenues à la gorge par des anneaux suspendus à des consoles. Sur la panse, l'un des vases offre un médaillon représentant un cavalier se préparant à remonter à cheval et entouré d'un troupeau le second, un médaillon représentant la petite vachère et le petit ânier; gracieuses compositions de Boucher. De l'autre côté de la panse ce sont des médaillons à couronnes de fleurs enlacées et suspendues à des nœuds de rubans. Le pied est décoré de chainettes et de côtes creusées, fond vert céladon rehaussé d'or. Le couvercle est surmonté d'une pomme de pin.

Ces vases sont remarquables par l'élégance de leur forme, l'harmonie du décor et leur conservation.

Haut., 38 cent.

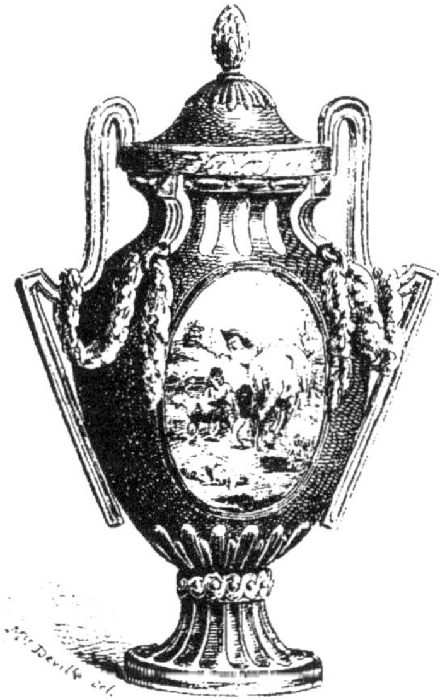

N° 1.

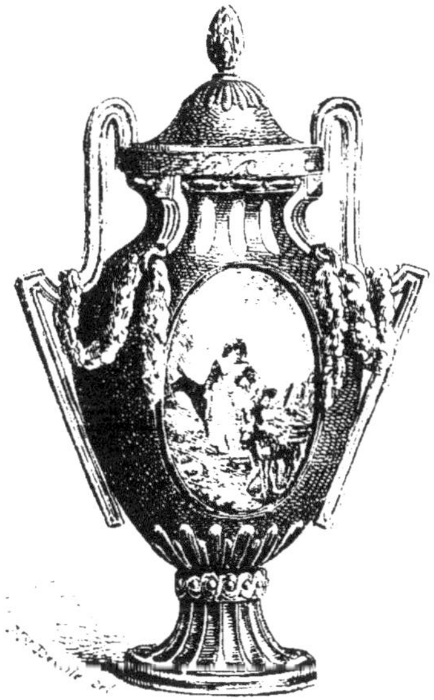

N° 1.

2 — Très beau vase en ancienne porcelaine de Sèvres, pate tendre. Époque Louis XV.

Forme ovoïde, décor fond vert céladon. La gorge est entourée d'une chaînette à l'or mat, enrichie d'émaux turquoises. Autour de la panse, se détachent en relief, comme maintenus par des agrafes et des chaînes, quatre médaillons représentant, l'un, un berger et une bergère devisant d'amour au milieu de leurs troupeaux, gracieuse composition de Boucher, et les trois autres, des couronnes de fleurs enlacées. Le pied du vase est entouré, à sa partie supérieure, de grosses perles blanches, et dans le bas d'un tore de lauriers en or se détachant sur fond vert céladon. Le couvercle est surmonté d'une pomme de pin à l'or bruni. Pièce remarquable par sa forme et la beauté d'émail du décor.

Haut., 45 cent.

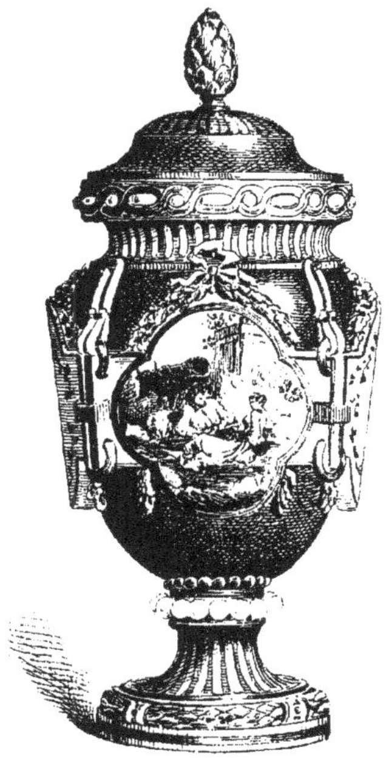

N° 2.

3 — PAIRE DE TRÈS BEAUX VASES EN ANCIENNE PORCELAINE DE SÈVRES, PATE TENDRE. ÉPOQUE LOUIS XVI.

La panse, de forme cylindrique, décor fond gros bleu à pointillé d'or, offre d'un côté des médaillons représentant des amours dans les airs tenant des attributs guerriers, sujets de BOUCHER; de l'autre côté, des médaillons à fleurs. Les anses, formées de rinceaux à volutes et de grecques, prennent naissance dans le cul-de-lampe gracieusement cintré, orné de guirlandes de fleurs se détachant en haut-relief à l'or moulu. Les couvercles forme de dôme, fond gros bleu pointillé d'or, sont ornés de guirlandes de roses en haut-relief à l'or moulu et d'un perlé blanc autour de la gorge. Le pied, fond gros bleu à pointillé d'or, est surmonté d'une chainette d'or entrecoupée de perles et d'un cartouche à feuilles d'acanthe.

Forme rare, décor parfait, les parties en relief sont si finement modelées qu'elles simulent des bronzes ciselés.

Haut., 40 cent.

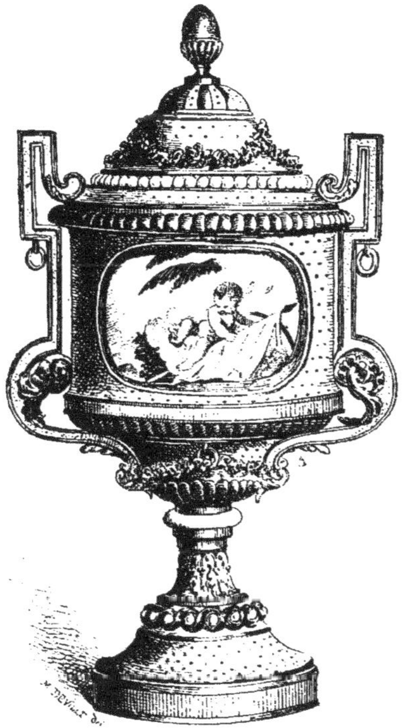

N° 3.

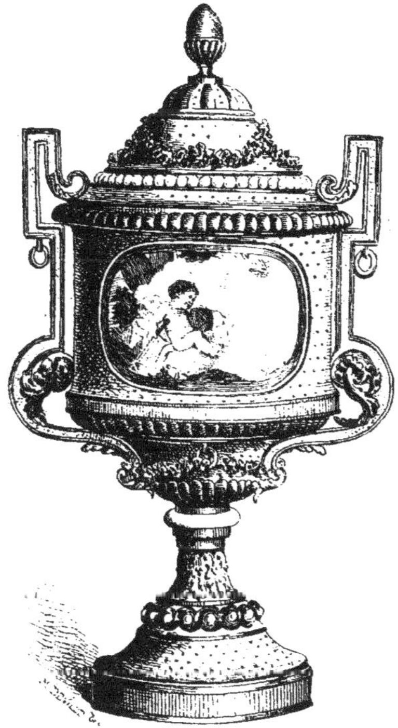

N° 3.

4 — Très belle jardinière en ancienne porcelaine de Sèvres, pate tendre, forme dite éventail. Époque Louis XV.

Le décor représente de larges palmes fond rose dit Dubarry, encadrées de rinceaux et de rocailles d'or mat et bruni. Entre chaque palme s'élance une traîne de fleurs. La bordure, fond rose Dubarry, est composée de gracieux enroulements à rehauts d'or d'où s'échappent des branches de fleurs. Le socle, dont la forme reproduit exactement les contours de la jardinière, est décoré de médaillons de fleurs, sur fond rose Dubarry et rehaussé d'or. La partie verticale, élégamment cintrée, représente des cartels ajourés encadrés d'or et de rose.

Date de *1757*. Décorée par *Grison*.

Haut., 21 cent.; diam., 29 cent.

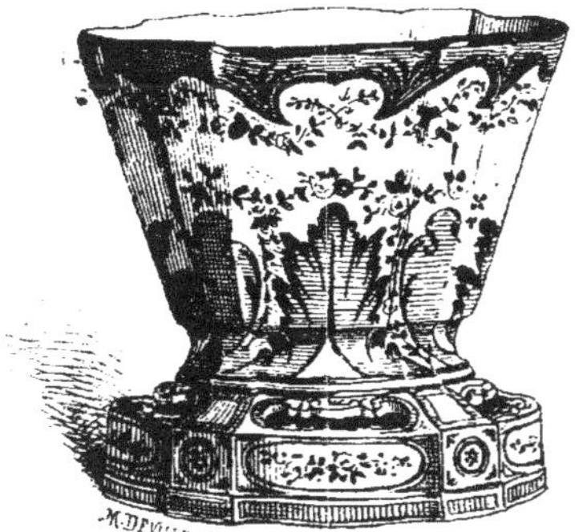

N° 5.

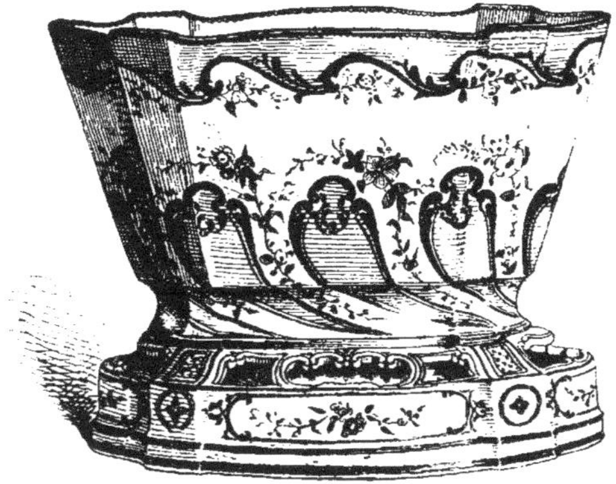

N° 4.

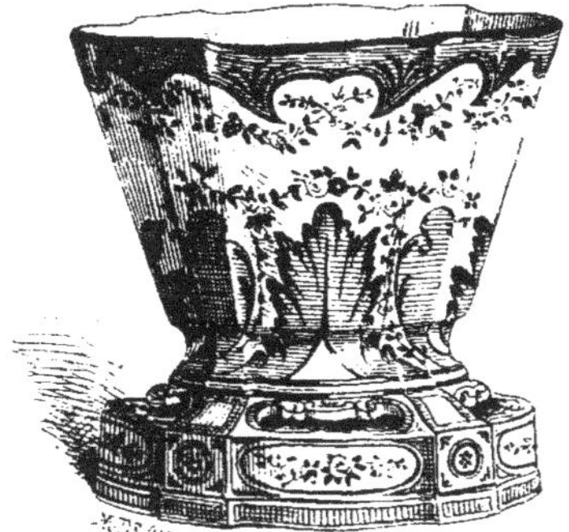

N° 5.

5 — Deux belles jardinières en ancienne porcelaine de Sèvres, pate tendre, de forme dite éventail. Époque Louis XV.

Décor : feuilles d'acanthe très développées et palmes fond bleu de roi rehaussé d'or, agrémenté de guirlandes de fleurs se détachant sur fond blanc. Les socles, décor partie à jour, offrent des médaillons à fleurs sur fond bleu de roi rehaussé d'or.

Date de *1762*. Décor de *Tandart*.

Haut., 19 cent.; diam., 20 cent.

6 — JOLI VASE en ancienne porcelaine de Sèvres, pâte tendre. Époque Louis XV. Forme balustre renversé, à gorge dentelée, bordure feuille de choux, orné d'anses à jour représentant des roseaux enlacés, décoré de plantes et de fleurs se détachant en haut-relief, prenant racine dans des coquilles ouvertes et renversées. Sur la panse et au col se détachent des bouquets à rehauts d'or.

Haut., 23 cent.

7 — COUPE CREUSE de forme décagonale, en ancienne porcelaine de Sèvres, pâte tendre. Époque Louis XVI.

Décor fond vert offrant deux médaillons à bouquets de fruits et de fleurs encadrés de guirlandes à rehauts d'or qui se dessinent tout autour de la coupe.

Date de *1782*. Décor de *Aubert* et *Prévost*.

Haut., 12 cent.; diam., 28 cent.

8 — JOLIE ÉCUELLE en ancienne porcelaine de Sèvres, pâte tendre. Époque Louis XV

Forme ronde à deux anses à jour avec couvercle. Plateau forme oblongue et contournée, décor fond vert avec médaillons en éventails à guirlandes de roses et rubans encadrés de rehauts d'or mat et bruni.

Date de *1766*. Décor de *Tandart*.

9 — Très jolie écuelle en ancienne porcelaine de Sèvres, pâte tendre. Époque Louis XVI.

Forme ronde avec couvercle. Plateau oblong à contours, décor fond bleu turquoise avec médaillons à corbeilles de roses, encadrements à rehauts d'or.

Date de *1776*. Décor de *Micaud* et de *Chavaux* jeune.

10 — Très jolie écuelle en ancienne porcelaine de Sèvres, pâte tendre. Époque Louis XVI. Forme ronde avec couvercle. Plateau oblong à contours, fond bleu turquoise avec médaillons à guirlandes de roses encadrés d'or et enrichis de rinceaux à rehauts d'or se dessinant entre les médaillons. (Marque d'or.)

Date de *1783*. Décoré par *La Roche*.

11 — Écuelle avec couvercle et plateau en ancienne porcelaine de Sèvres, décor à sujets chinois et chiffre J. D. M. enlacés à rehauts d'or.

12 — Théière en ancienne porcelaine de Sèvres, pâte tendre. Époque Louis XV. Fond gros bleu pointillé d'or, avec médaillons à sujets chinois rehaussés d'or.

Décor de *Boulanger*.

13 — Sucrier en ancienne porcelaine de Sèvres, pâte

tendre. Époque Louis XV. Décor fond gros bleu pointillé d'or, à médaillons, corbeilles de fleurs et rinceaux rehaussés d'or.

Décor de *Boucaut*.

14 — Tasse a bouillon à deux anses avec soucoupe, en ancienne porcelaine de Sèvres, pâte tendre. Époque Louis XV. Décor fond gros bleu à médaillons d'oiseaux encadrés de fleurs et de rinceaux à rehauts d'or.

Date de *1758*. Décor de *Théodore*.

15 — Belle chocolatière avec couvercle en ancienne porcelaine de Sèvres, pâte tendre. Époque Louis XV. Décor fond gros bleu, médaillons à sujets de chasse, encadrés de fleurs à rehauts d'or.

Date de *1764*. Décor de *Vieillard*.

16 — Sucrier oblong avec plateau adhérant et couvercle en ancienne porcelaine de Sèvres, pâte tendre. Époque Louis XVI. Décor à bouquets de fleurs, bordure bleue à rehauts d'or, couvercle à la *feuille de choux*.

Date de *1774*. Décor de *Massey*.

17 — Belle tasse avec soucoupe en ancienne porcelaine de Sèvres, pâte tendre. Époque Louis XV. Décor fond bleu turquoise à rin-

ceaux d'or et offrant des médaillons à fond bleu de forme élégante et contournée semés de bouquets de fleurs.

Date de *1761*. Décor de *Binet*.

18 — Tasse avec soucoupe en ancienne porcelaine de Sèvres. Époque Louis XV. Décor fond vert, médaillons à bouquets de fleurs, encadrements et guirlandes à rehauts d'or.

Date de *1766*. Décor de *Mérault* jeune.

19 — Tasse en ancienne porcelaine de Sèvres, pâte tendre. Époque de la République. Décor fond gros bleu, médaillons à paysages en grisaille, encadrements et rinceaux à rehauts d'or, bordure à paysage avec figures en camaïeu violet.

Décor de *Le Guay* et de *Rossel*.

20 — Joli petit plateau carré en ancienne porcelaine de Sèvres, pâte tendre. Époque Louis XV. Décor à palmes et rinceaux fond bleu turquoise et rehauts d'or enguirlandés de fleurs.

Date de *1761*. Décor de *Binet*.

21 — Solitaire composé d'une théière, un pot à crème, une tasse forme cul de poule avec soucoupe en ancienne porcelaine de Sèvres,

pâte tendre. Époque Louis XV. Fond gros bleu et médaillons à oiseaux encadrés de rinceaux et de fleurs à rehauts d'or.

22 — Deux tasses a thé avec soucoupe en ancienne porcelaine de Sèvres. Époque de la République. Fond blanc à fleurs détachées, bordure fond bleu à rehauts d'or.

23 — Trois grandes tasses avec soucoupes en ancienne porcelaine de Sèvres, pâte tendre. Époque Louis XVI. Décor fond bleu lapis pointillé d'or, avec médaillons à corbeilles de fleurs et rinceaux à rehauts d'or.

Décor de *Boucot*.

24 — Deux tasses avec soucoupes en ancienne porcelaine de Sèvres, fond gros bleu pointillé d'or avec médaillon à sujet chinois à rehauts d'or.

Décor de *Boulanger*.

25 — Tasse avec soucoupe en ancienne porcelaine de Sèvres, pâte tendre fond gros bleu. Époque de la République. La tasse offre trois médaillons à bustes de personnages encadrés d'or. La soucoupe offre au fond un médaillon à buste de personnage et autour trois cartels à fleurs.

26 — Tasse avec soucoupe en ancienne porcelaine de Sèvres, pâte tendre. Époque Louis XVI. Décor à bandes roses rehaussées d'or, s'intercalant avec des chutes de clochettes vertes; au centre, des petits médaillons à paysages.

Date de *1778*. Décor de *Bouchet*.

27 — Tasse avec soucoupe en ancienne porcelaine de Sèvres, de la République. Décor fond blanc, semé de bouquets de fleurs avec bordure fond jaune à guirlandes. La tasse offre sur le devant un médaillon symbolique de la Révolution, la soucoupe offre un trophée d'attributs champêtres et des guirlandes enrubannées.

28 — Théière en ancienne porcelaine de Sèvres pâte dure. Époque Louis XVI. Décor à guirlandes de fleurs, rinceaux et médaillons à oiseaux; marque d'or.

Date de *1778*. Décor de *Le Bel* jeune.

29 — Tasse avec soucoupe en ancienne porcelaine de Sèvres, pâte tendre, de la République. Décor fond rose à points d'or, avec bande fond blanc à rinceaux et attributs symboliques à la Révolution.

30 — Trois pots a crème en ancienne porcelaine de Sèvres, pâte tendre. Époque Louis XV. Décor

fond vert, avec médaillons à bouquets de fleurs.

Date de *1753*. Décor de *Tardi* et *Boucot*.

31 — Socle rectangulaire en ancienne porcelaine de Sèvres, fond gros bleu à bordure dorée.

32 — Grande tasse avec soucoupe en porcelaine de Sèvres, pâte dure, fond gros bleu à bordure dorée, médaillon à figure de femme. Époque Empire.

33 — Pot a crème en ancienne porcelaine de Sèvres, Époque Louis XV. Décor à rubans verts et guirlandes de fleurs rehaussé d'or.

Date de *1761*. Décor de *Tandart*.

34 — Petit seau avec couvercle en ancienne porcelaine de Sèvres, décor à bouquets de fleurs sur fond blanc.

35 — Jolie théière en ancienne porcelaine de Sèvres, pâte tendre, décor partie fond vert, partie fond blanc à guirlandes de fleurs et rehauts d'or. Époque Louis XV.

36 — Théière et pot a crème en ancienne porcelaine de Sèvres, pâte tendre, fond bleu à rondelles d'or, semé de bouquets de fleurs. Époque Louis XVI.

37 — Soucoupe en ancienne porcelaine de Sèvres, pâte tendre. Époque Louis XV. Décor fond bleu de roi, avec médaillon à oiseaux sur fond blanc encadré de rinceaux et de guirlandes à rehauts d'or.

Date de *1756*. Décor de *Alonde*.

38 — Tasse et soucoupe en ancienne porcelaine de Sèvres. Époque de la République. Décor fond mauve jaspé à bordure dorée.

Décor de *La France*.

39 — Trois tasses avec soucoupe en ancienne porcelaine de Sèvres, pâte tendre. Époque de la République. Décor fond gros bleu à médaillons représentant des gobe-mouches et des merles, encadrements et bordures à rehauts d'or.

Décor de *Evans*.

40 — Tasse et soucoupe en ancienne porcelaine de Sèvres, pâte tendre, fond bleu turquoise, dessin brun, médaillons fond blanc à rosaces. Époque de la République.

41 — Tasse a thé avec soucoupe en ancienne porcelaine de Sèvres, décor fond bleu clair et jaune à fleurs, bordures à guirlandes et rubans.

42 — Deux médaillons ronds en ancien biscuit de Sèvres, représentant le roi Louis XVI et la reine Marie-Antoinette.

43 — Deux groupes de trois figures en biscuit de Sèvres.

44 — Tasse trembleuse avec soucoupe et couvercle en ancienne porcelaine de Sèvres, décor à guirlandes de fleurs et bordure dite *feuille de choux*, en bleu à rehauts d'or.

45 — Deux petites coupes en ancienne porcelaine de Sèvres, décor fond vert céladon et fond blanc à rehauts d'or, montées en bronze doré sur cariatide de satyres. Style Louis XVI.

46 — Paire de vases en ancienne porcelaine de Sèvres, pâte dure, forme ovoïde, ornée d'anses à enroulements, décor fond vert enveloppé de plantes à rehauts d'or, offrant sur une face deux médaillons à sujets allégoriques : Amours et oiseaux; sur l'autre face, des cartels à bouquets de roses. Époque Empire.

Haut., 36 cent.

PORCELAINES DE CHINE

DU JAPON ET DE L'INDE

47 — Paire de très grands et beaux vases en ancienne porcelaine de Chine, richement décorés de cortèges traversant des paysages accidentés et de sujets de chasse en bleu sur blanc, au-dessous du col, de lambrequins fond bleu à fleurs et branchages réservés en blanc. Le bas et la gorge offrent au pourtour des pivoines et des arabesques. Les couvercles sont surmontés de chimères. Ces vases, d'une qualité et d'une dimension exceptionnelles, sont montés en bronze doré et ornés d'anses à volutes et têtes de béliers simplement rivés à la gorge en bronze en épargnant la porcelaine.

Haut., 1 m. 40 cent.

48 — Très belle garniture de cinq pièces en ancienne porcelaine de Chine, composée de trois vases avec couvercles et deux cornets. Le décor sur fond jaune d'or représente des médaillons à personnages, scènes familières et champêtres en émaux de couleurs et à rehauts d'or, ainsi que des petits cartels à paysages en camaïeu violet. Les gorges sont ornées de bandes orange à fleurs et arabesques comme les encadrements des mé-

daillons à rehauts d'or. Montées sur socles en bronze doré.

Vases. Haut., 63 cent.
Cornets. Haut., 52 cent.

49 — Grande et belle cassolette en ancienne porcelaine de Chine de la famille verte, décor : paysages, oiseaux et fleurs, monture en bronze doré. Style Louis XIV.

50 — Paire de petits vases avec couvercle, en ancienne porcelaine de l'Inde, ornés d'anses à jour, décor fond d'or, objets d'ameublements et lambrequins réservés en bleu et blanc, dessin à traits d'or. Montés sur pieds en bronze doré à feuille d'acanthe.

51 — Deux grands et beaux coqs en ancien blanc de Chine, socles en bronze doré. Style Louis XVI.

52 — Aiguière en ancienne porcelaine de Chine, décor à bandes fond rouge et à bandes fond blanc, rehaussé de fleurs et d'arabesques en couleur. Monture en vermeil.

53 — Aiguière en ancienne porcelaine de Chine fond bleu fouetté, à rehauts d'or avec médaillons réservés de la famille verte. Monture en vermeil.

54 — Paire de grands cornets en ancienne porcelaine de Chine, décor à fleurs en bleu sur blanc, par compartiments.

55 — Bouteille en ancienne porcelaine du Japon offrant sur la panse, de chaque côté, des médaillons réservés en creux à fleurs et personnages se détachant en relief, fond à fleurs en polychrome et or.

56 — Paire de vases cylindriques en ancienne porcelaine de Chine, fond bleu fouetté à médaillons réservés en blanc, et décorés d'objets d'ameublement en bleu. Montures en bronze doré.

57 — Jardinière en ancienne porcelaine du Japon, décor à fleurs et branchages en bleu, rouge et or.

58 — Coupe ronde en ancienne porcelaine de Chine, famille verte, décor à fleurs et feuillages, montée sur son couvercle.

59 — Deux fontaines en ancienne porcelaine du Japon, décor polychrome à rehauts d'or.

60 — Brule-parfums avec couvercle, en ancienne porcelaine de Chine, décor à lobes fleuris,

feuilles de nélumbo et carrelages en rouge, vert et or.

61 — Aspergeoir en ancienne porcelaine de Chine, famille verte, décoré d'objets d'ameublement.

62 — Petite cassolette en ancienne porcelaine du Japon, décor à fleurs et feuillages. Monture argent.

63 — Deux bonbonniers avec couvercles et plateaux en ancienne porcelaine de l'Inde, décor à fleurs et fruits.

MEUBLE DE BOULE

64 — Très beau meuble à hauteur d'appui en marqueterie de cuivre, d'étain et de bois sur fond d'écaille de l'Inde, richement orné de bronzes finement ciselés et dorés, du temps de Louis XIV. Travail de Boule.

La partie centrale en ressaut, d'aspect monumental, s'ouvre à un battant décoré à l'extérieur d'un perroquet perché sur une branche d'arbre et d'un papillon, à l'intérieur d'ornements sur fond de cuivre. Il dissimule une réserve à quatre tiroirs superposés, ornés de marqueterie d'écaille de l'Inde, sur fond de cuivre. Le battant est encadré d'une moulure cintrée en retraite, et il est surmonté d'un fronton en bronze ciselé et doré, représentant une médaille à l'effigie du roi Louis XIV, œuvre de Mollard (signée), dans un cartouche entouré d'attributs guerriers. De chaque côté sont disposés six tiroirs superposés, offrant comme cartouches de serrures des consoles avec masques de femmes, sur fond à coquilles couronnées de fleurs en bronze ciselé et doré, se détachant sur des rinceaux et des enroulements en marqueterie. Les côtés sont décorés de médaillons à oiseaux, fleurs et papillons encadrés d'un tore de lauriers, et se

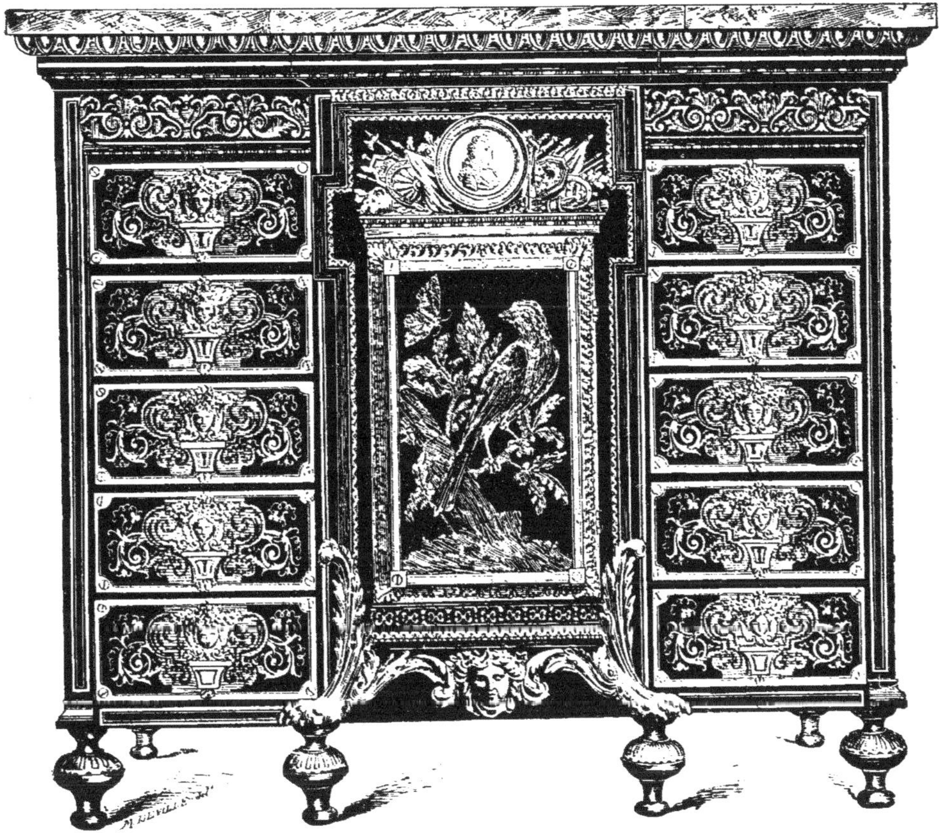

N° 64.

détachant sur fond en écaille de l'Inde, marqueté de cuivre et d'étain, à rinceaux et enroulements. Une forte moulure, en bronze doré, supporte le dessus en marbre brèche d'Italie.

Ce meuble fit partie du mobilier de la chambre royale à Versailles, et fut offert par le roi au prince de Condé. Il revint par voie d'héritage à Mme la comtesse de Boigne.

Haut., 1 m. 20 cent.; larg., 1 m. 3 cent,

PARAVENT EN LAQUE

CHAISE A PORTEURS

65 — Très beau paravent à dix grandes feuilles, en ancienne laque de Chine fond rouge, richement décorée de cortèges, de scènes familières, de cavaliers, avec encadrements d'arabesques à rehauts d'or. Revers en laque, fond noir à fleurs de travail moderne.

66 — Chaise à porteurs de l'époque Louis XV, décorée de fleurs.

BRONZES

67 — Très beau buste en bronze fondu creux, représentant *Henri IV*, en grand costume de cour, portant les ordres de Saint-Michel et du Saint-Esprit. XVIe siècle. Grandeur nature. Socle en marbre vert. 15000 —

68 — Très beau buste en bronze fondu creux, représentant un *roi d'Espagne* en armure, portant les insignes de la Toison d'or. Sur le devant est gravé FR.M.MDEII. XVIe siècle. Grandeur nature. Socle en marbre vert. Pendant du précédent. 7100 —

69 — Belle statuette « d'Hercule » en bronze. XVIe siècle. 2000

70 — Buste en bronze fondu creux : *Patricienne*, grandeur nature. XVIe siècle. 2425 —

71 — Buste en bronze fondu creux : *Néron*, grandeur nature. XVIe siècle. 1350 —

72 — Paire de candélabres en bronze partie doré, représentant des amours sur des sphères, tenant des bouquets à deux branches, posés sur fûts en ancienne porcelaine de Sèvres, fond bleu de roi, pointillé d'or avec médaillons à petits amours. Montés en bronze doré. Époque Empire. 1200 —

MARBRE

73 — Grand et beau buste grandeur nature en marbre blanc, représentant la reine Marie-Thérèse en costume de cour. Travail de l'époque.

Haut., 1 mètre.

TERRES CUITES

74 — Deux statuettes en terre cuite, allégories de l'Automne de *Delaville*. (Signées.)

75 — Petit groupe en terre cuite : Mercure assis sur des sacs et tenant une bourse à la main; de *Delaville*. (Signé.)

Daté de *1797*.

ÉMAUX DE LIMOGES

76 — Beau plat rond en émail de Limoges, représentant au centre une scène de festin protégée par des génies et environnée de nuages, la bordure offre une suite de grotesques allant sur des chars ou à quatre pattes ; en haut, dans un cartouche, les armoiries de Diane de Poitiers, et dans le bas, les monogrammes P. R. de *Pierre Raymond*. Le revers représente au centre le même blason dans un grand cartouche à guirlandes de fruits et entrecoupées de masques surmontés du croissant de Diane. La bordure offre une suite de rinceaux se terminant en têtes fantastiques. Peinture en grisaille rehaussée d'or, chairs rosées. xvie siècle.

Diam., 30 cent.

77 — Beau plat rond en émail de Limoges, représentant au centre le lever d'une jeune châtelaine entourée de ses servantes. La bordure offre une suite de grotesques allant sur des chars, sur des limaçons, ou se cramponnant à des enroulements. Composition raphaélesque. En haut, le blason de Diane de Poitiers et en deux endroits la date de 1570. En bas du sujet central, les monogrammes P. R. de *Pierre Raymond*.

Le revers représente au centre le même écusson dans un grand cartouche à guirlandes de fruits et entrecoupées de masques surmontés des croissants de Diane. La bordure offre une suite de rinceaux se terminant en têtes de grotesques.

Peinture en grisaille rehaussée d'or, chairs rosées. XVIe siècle.

Diam., 30 cent.

78 — Jolie petite coupe creuse et ronde en émail de Limoges, représentant au fond un fauconnier retour de la chasse ; peinture en grisaille, la bordure à lobes offre des fleurs et des feuillages en couleur sur fond blanc. Au revers, le milieu représente un paysage et le pourtour des rosaces et des fleurs en relief, peinture en couleur à rehauts d'or. Fin du XVIe siècle.

79 — Petite coupe en émail de Limoges, forme à lobes, fond blanc, dessin à fleurs en couleur offrant au centre un Saint Antoine, peinture en grisaille, et au revers un paysage, des oiseaux et des fleurs, peinture en couleur à rehauts d'or. Commencement du XVIIe siècle.

ARGENTERIE — OBJETS DIVERS

80 — Beau calice en vermeil repoussé, représentant autour du gobelet et du pied des amours, des volutes et des feuillages. Il est enrichi d'émaux peints en camaïeu à figures de saints et de saintes. L'un des émaux représente une armoirie entourée de l'inscription : IOHANN. LEONARD GEBLER. CAN. CAP. et. SVBP. IN. HAVGIS. CONSIST ASSES. 1689. 900 —

81 — Deux petites cassolettes forme ovoïde, en ancienne laque de Chine, montures en bronze doré à rocailles, ornées de fleurs en vieux Sèvres. 485 —

82 — Petit pot en ancienne porcelaine de Saxe, décor à fleurs et rocailles. 82 —

83 — Écureuil en ancienne porcelaine de Saxe, tenant un fruit. 960 —

TABLEAUX

TÉNIERS

(DAVID)

84 — *Les Travaux champêtres.*

A gauche, un berger assis ayant son chien couché à ses pieds joue de la musette, pendant que le pâtre, près de lui, prépare des herbages dans un bac. Par la droite arrivent les vaches, les bœufs, les moutons et les chèvres. Au fond, se déroule un paysage des plus pittoresques avec cours d'eau et pont en pierre sur lequel on voit passer un troupeau et des paysans. Une montagne à pic couronne l'horizon.

Signé à gauche : D. Téniers Fe.

Toile. Haut., 85 cent.; larg., 57 cent.

TÉNIERS

(DAVID)

85 — *Le Retour de la pêche.*

Par un temps d'orage, au premier plan, trois pêcheurs débarquent le produit de leur pêche. La côte qui s'étend à droite, dominée par une ville haute, est animée de nombreux personnages, portant des poissons, les ramassant, causant entre eux. Sur la mer agitée, on voit des voiliers à l'horizon.

Signé devant : D. Téniers Fe.

Toile Haut., 85 cent.; larg., 57 cent.

DESSINS

86 — Sept jolis dessins, portraits de Marie-Thérèse, Mme Scarron, Élisabeth d'Angleterre, Marie Stuart, Mme Deshoulières, Mme de Sévigné, la duchesse de Monmouth. Signés I. V. 500 —

Disposés dans le même cadre.

produit total 41550 —

www.ingramcontent.com/pod-product-compliance
Ingram Content Group UK Ltd.
Pitfield, Milton Keynes, MK11 3LW, UK
UKHW021117290826
14628UKWH00014B/2604

9 782329 542072